JN401282

평범한 우리 어린이들을 다음 세대
위인으로 만들어 줄 교과서 위인 이야기!
효리원의 교과서 위인 이야기는 초등학교
교과 과정에 나오는 국내외 위인들을, 우리나라
최고 아동 문학가 53인이 재미있게 동화로 구성했습니다.
지혜와 용기로 위대한 삶을 산 위인들의 이야기는,
어린이들의 마음속에 '나도 할 수 있다.'는
희망의 씨앗을 심어 줄 것입니다!

## 일러두기

1. 띄어쓰기와 맞춤법 : 초등학교 국어 교과서와 국립국어원의 『표준국어대사전』을 기준으로 하였습니다.
2. 외래어 지명과 인명 : 국립국어원의 『외래어 표기 용례집』을 기준으로 하였습니다.
3. 이해가 어려운 단어 : (　) 안에 뜻풀이를 하였습니다.
4. 작가 연보 : 연도와 함께 나이를 표기하고, 업적을 간략히 소개하였습니다. 우리나라 위인은 태어난 해를 한 살로 하였고, 외국 위인은 만 나이를 한 살로 하였습니다. 정확한 자료가 없는 위인은 연도와 업적만을 나타냈습니다.
5. 내용 구성 : 위인의 삶은 역사적 자료를 바탕으로 최대한 사실적으로 구성하였습니다. 그러나 읽는 재미를 위해 대화 글이나 배경 묘사, 인물의 감정 표현 등에 작가의 상상력을 가미하였습니다.
6. 그림 구성 : 문헌을 바탕으로 위인이 살던 시대를 충실히 나타내도록 하되 복식의 색상이나 장식, 소품, 건물 등은 작가의 상상으로 그렸습니다.
7. 내용 감수 : 각 분야의 전문가들로 구성된 편집 위원들이 꼼꼼히 감수를 하였습니다.

## 편집 위원

**김용만**(우리역사문화연구소장)
교과서에서 만나는 위인들을 중심으로 일화와 함께 그림과 사진을 곁들여 지루하지 않게 읽을 수 있습니다. 술술 읽다 보면 학교 공부에도 많은 도움이 될 것입니다.

**신현득**(동시인, 전 새싹회 회장)
우리가 자주 듣고 접하는 역사 속 실존 인물들이 자신의 꿈을 이루기 위해 어떻게 노력했는지 깨달아 가면서 우리 어린이들은 한층 더 성숙해질 것입니다.

**윤재운**(동북아역사재단 연구 위원)
위인전을 읽으면서 어린이들은 시대를 넘어 간접 체험을 할 수 있습니다. 어떻게 살아야 하는지 인생에 대한 동기 부여와 함께 삶이 보다 풍요로워질 것입니다.

**이은경**(철학 박사, 전북과학대 유아교육학과 교수)
한 사람의 인격과 품성은 어릴 때 형성됩니다. 따라서 초등학교 저학년 때 어떤 책을 읽느냐에 따라 생각의 크기가 달라집니다. 어린이의 미래를 위해 이 책은 꼭 읽어야 합니다.

**이창열**(하버드 물리학 박사, 전 국가과학기술자문회의 전문 위원)
세상을 바꾼 위대한 인물의 이야기는 어린이의 인성 및 감성 발달에 큰 영향을 미칠 뿐 아니라 실험 정신과 개척 정신을 길러 줍니다. 용기와 지혜로 세상을 헤쳐 나가는 당당한 어린이를 꿈꾼다면 이 책은 꼭 한번 읽어 보아야 합니다.

**정재도**(한글학자)
위인으로 일컬어지는 이들은 어떤 생각을 하고, 어떤 삶을 살았을까요? 그들의 흔적을 담은 위인전은 복잡한 현대를 이끌어 갈 우리 어린이들에게 나침반과 같은 역할을 할 것입니다.

**조수철**(서울대학교 의과대학 소아정신과 교수)
위인전은 시대와 신분, 업적이 다른 위인들의 삶이 다양하고 흥미롭게 구성되어 있어 손쉽게 여러 삶의 모습을 만날 수 있습니다. 용기 있게 고난을 헤쳐 나간 위인의 이야기를 통해 삶의 지혜를 배울 수 있을 것입니다.

# 내 사전에 불가능이라는 말은 없다
## 나폴레옹

김문홍 글 / 임운규 그림

효리원
hyoreewon.com

## 이 책을 읽는 학부모님과 선생님께

자녀들과 함께 책을 읽는 부모님의 모습은 정말 아름답습니다. 어린아이들에게는 굳이 책을 읽으라고 강요하지 않아도 됩니다. 부모님들이 먼저 책을 들면 자연스럽게 따라서 책장을 펼치게 될 테니까요.

책을 읽고 난 후에는 아이들과 함께 그 속에 담긴 내용을 놓고 이야기를 나누는 것이 좋습니다.

이 책을 예로 들어 보겠습니다. 나폴레옹이 살았던 시대와 사회, 그를 둘러싼 사람들에 대해 자녀들과 묻고 답하는 시간을 많이 갖는 것이 바람직합니다.

그러려면 부모님들이 아이들과 함께 같은 책을 읽어 내는 지혜와 인내를 갖추어야 할 것입니다.

무엇보다 책의 내용에 대한 아이들의 반응을 존중해 주는 것이 중요합니다.

"아니야, 그건 잘못된 생각이야. 다시 생각해 봐!"

"뭐라고? 어쩜 그렇게 엉뚱한 생각을 할 수 있니?"

이렇게 말해서는 안 된다는 것입니다. 즉 어른들의 가치관에 비추어 아이들의 대답을 무시해서는 안 됩니다.

"그래, 네 생각도 옳다. 그런데 이렇게 생각하면 어떻겠니?"

"너라면 이럴 때 어떤 생각을 하고 어떻게 행동했을까?"

"넌 어쩌면 그런 생각을 다 할 수 있니? 정말 대단하구나."

이와 같이 북돋아서 아이들에게 자신감을 심어 주는 일이 무엇보다도 중요합니다. 그들의 대답 하나하나가 모두 소중하다는 것을 인정해야 합니다. 이것은 논술 공부의 바탕이 되는 것이기도 합니다.

독서 감상문은 충분히 대화를 나눈 뒤에 써도 늦지 않습니다. 그 이야기를 바탕으로 감상문을 쓰게 하는 것도 좋은 방법 가운데 하나입니다. 하지만 억지로 강요하면 되레 책에서 멀어지게 된다는 것도 부모님이나 선생님께서 염두에 두어야 할 것입니다.

## 머리말

어린이 여러분! 여러분은 어떤 꿈을 가지고 있습니까?

꿈은 그 크기와는 상관 없이 모두가 다 소중합니다.

저마다의 꿈을 키워, 이 세상 사람들의 가슴속에 어떠한 희망과 사랑을 심어 주느냐가 중요합니다.

지중해에 있는 작은 섬 코르시카에서 태어난 키 작은 소년 나폴레옹 보나파르트는 큰 꿈을 가졌습니다. 그는 유럽을 모두 지배해 프랑스 사람들에게 희망을 심어 주었습니다.

여러분들도 나폴레옹처럼 큰 꿈을 가지기 바랍니다. 나라와 겨레를 사랑하는 마음으로 그 꿈을 소중하게 가꾸어 나가야 합니다. 여러분들의 그 꿈이 하나하나 꽃봉오리를 맺을 때 우리나라는 세계 속에 우뚝 선 큰 나라가 되어 있을 것입니다. 아직 꿈을 가지지 않았다면 지금부터 자신만의 꿈을 키워 나가도 늦지 않습니다.

글쓴이 김문홍

## 차례

이 책을 읽는 학부모님과 선생님께 ............ 6

머리말 ............ 8

코르시카의 키 작은 소년 ............ 10

코르시카에 해방을! ............ 18

프랑스 공화국을 선포하다 ............ 24

나폴레옹에게 등 돌린 코르시카 ............ 30

이집트 원정길 ............ 38

알프스산을 넘어 ............ 44

황제가 된 나폴레옹 ............ 50

모스크바에서 무릎 꿇다 ............ 56

세인트헬레나섬에 묻히다 ............ 62

나폴레옹의 삶 ............ 71

읽으며 생각하며! ............ 72

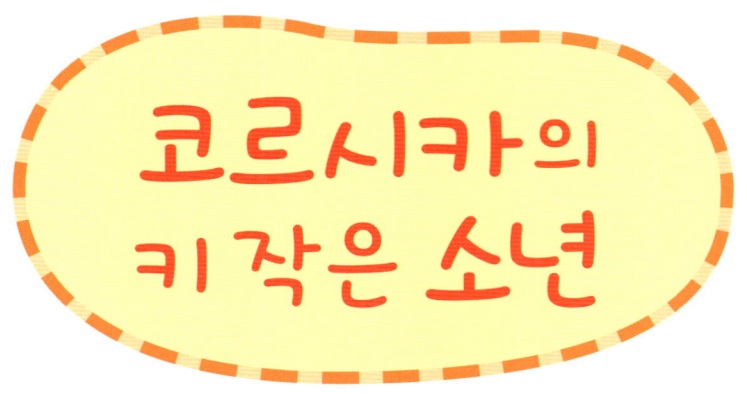

한여름입니다. 학교 운동장에서 아이들이 두 편으로 나뉘어 기마전을 준비하고 있습니다. 아이들은 동쪽과 서쪽에 있는 나무 그늘 아래 따로 모여 있습니다.

동쪽에 있는 아이들이 무언가 의논을 하고 있습니다.

"얘들아, 우리 편 이름을 무엇으로 정할까?"

한 소년이 불쑥 앞으로 나서며 묻습니다.

그러자 아이들은 일제히 그 소년을 바라봅니다.

유난히 키가 작은 그 소년이 아이들을 둘러보다가 자신 있게 말합니다.

"우리 편은 당연히 코르시카 팀이지."

"아니, 왜?"

"우리들 고향이 코르시카니까."

그러자 주근깨가 아주 많은 아이가 서쪽을 가리키며 말했습니다.

"그럼 저쪽 편은 제노바 팀이라고 하는 것이 좋겠네?"

"아니, 그건 또 왜?"

다른 아이의 대꾸에, 키 작은 소년이 주근깨 소년 대신 나서서 대답했습니다.

"제노바는 우리 코르시카를 400년 동안 지배해 오고 있으니까 그렇지."

주근깨 소년이 덩달아 한마디 거들었습니다.

"그래, 맞아! 지금부터 우리 편은 저쪽 제노바 팀의 코를 납작하게 만들어야 해. 그렇지, 나폴레옹?"

의논 끝에, 키 작은 소년이 코르시카 팀의 대장으로 뽑혔습니다. 덩치가 큰 아이들은 말이 되고, 그 양 옆으로 두 아이가 팔깍지를 끼어 말을 만들었습니다. 그러고는 '와아!' 고함을 지르며 일어섰습니다.

키 작은 소년을 태운 말이 앞으로 달려나가, 먼저 저쪽 편 대장이 탄 말을 무너뜨렸습니다. 대장 말이 무너지자 그 뒤를 따르던 다른 말들은 우르르 도망을 가 버렸습니다.

"코르시카 만세!"

코르시카 팀 아이들은 펄쩍펄쩍 뛰며 만세를 불렀습니다. 코르시카 팀을 승리로 이끈 이 소년이 바로 나폴레옹 보나파르트입니다.

나폴레옹은 1769년 8월 15일, 코르시카의 작은 마을 아작시오에서 태어났습니다. 그의 아버지 카를로 보나파르트는 변호사였습니다. 어머니 마리아 레티치아 라몰리노는 이름 있는 집안의 딸이었습니다.

이탈리아의 작은 도시인 제노바는 코르시카를 400년 동안

이나 지배해 오고 있었습니다. 그들은 세금을 많이 거두어 가는 등 여러 가지로 코르시카 사람들을 괴롭혀 왔습니다.

나폴레옹은 커서 훌륭한 장군이 되고 싶었습니다. 그래서 코르시카를 제노바로부터 독립시키고 싶었습니다.

나폴레옹이 열 살이 되던 해였습니다. 이탈리아를 도와 코르시카를 다시 지배한 프랑스는 머리 좋은 아이들을 뽑아다가 공부를 시켰습니다. 나폴레옹의 아버지는 어린 나폴레옹을 프랑스의 소년 군대 학교인 브리엔 유년 학교에 보내기로 결정했습니다.

'커서 훌륭한 장군이 되어 이 세계를 다스릴 거야.'

나폴레옹은 드디어 꿈을 향해 첫발을 내딛게 되었습니다. 프랑스로 떠나기 전날, 그는 마음이 설레어 한숨도 잠을 이루지 못했습니다.

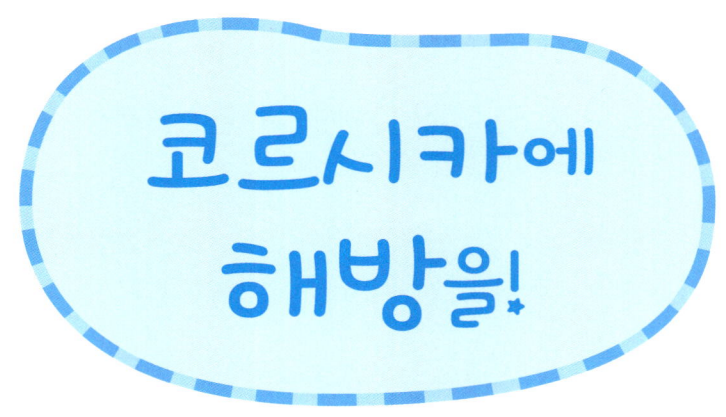

브리엔 유년 학교의 교장 선생님은 나폴레옹을 무척 아꼈습니다. 성적이 뛰어났을 뿐 아니라 여느 아이들보다 용감했기 때문입니다.

교장 선생님은 귀족의 아들들을 제치고 그를 반장으로 임명했습니다.

나폴레옹은 6년 과정인 유년 학교를 4년 만에 졸업하고 파리의 사관 학교에 입학했습니다.

사관 학교에서도 가장 우수한 성적으로 졸업한 나폴레옹은

**나폴레옹 보나파르트** | 지중해의 작은 섬 코르시카에서 태어나 훗날 프랑스의 황제가 된 나폴레옹의 모습입니다.

대포를 다루는 포병 장교가 되었습니다.

1789년, 나폴레옹이 스무 살이 되던 해였습니다. 프랑스 국민들은 혁명을 일으켜, 사치스런 생활을 하며 백성들을 돌보지 않는 왕과 귀족을 물리쳤습니다. 그리고 국민을 위한 새로운 공화국을 만들었습니다.

나폴레옹은 이 기회를 놓치지 않았습니다. 당장 휴가를 얻어 코르시카로 달려갔습니다. 그러고는 주민들 앞에서 외쳤습니다.

"코르시카도 이번 기회에 독립을 해야 합니다! 우리는 빼앗긴 땅과 자유를 되찾아야 합니다!"

"나폴레옹의 말이 옳다! 프랑스인들을 몰아내고 코르시카를 독립시키자!"

"코르시카 만세! 나폴레옹 만세!"

1790년 11월 하순이었습니다.

프랑스 정부는 하는 수 없이 코르시카에 무릎을 꿇었습니다. 독립 운동을 하다 몸을 피했던 파올리 장군이 돌아왔습니다. 코르시카 사람들은 그를 의

회의 의장으로 뽑았습니다.

　나폴레옹은 다시 프랑스의 부대로 돌아갔습니다. 그런데 귀족 출신 장교들이 그를 너무나도 미워했습니다.

　심지어 그를 죽이려는 나쁜 생각을 가진 사람들까지 있었습니다. 그러나 나폴레옹은 그들을 용서해 주었습니다.

　그런 나폴레옹에게 감동한 귀족 출신 장교들은 자신들의 잘못을 빌었습니다.

　"나폴레옹이 우리를 용서했어. 우리는 그를 해치려 했는데……. 그는 정말 훌륭한 군인이야."

　"원수를 사랑하다니, 정말 보통 사람이 아니야."

　그를 미워하던 장교들도 차츰 나폴레옹의 말을 믿고 따르게 되었습니다.

　이렇게 해서 나폴레옹은 장교들에게는 믿음을 얻었으며, 부하들에게는 존경을 받았습니다.

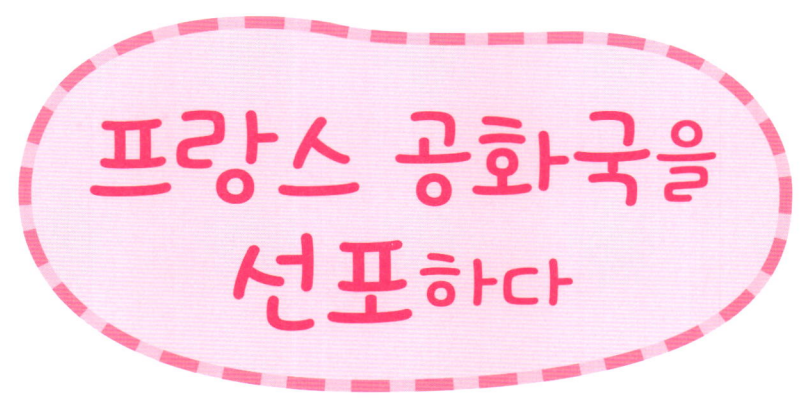
## 프랑스 공화국을 선포하다

나폴레옹은 스물두 살 되던 해에 중위로 승진했습니다.

당시 프랑스는 나라 사정이 어지러웠습니다. 새로운 정부는 하루가 멀다 하고 편을 갈라 싸우기만 했습니다. 루이 16세 왕은 날마다 귀족들을 불러모아 호화로운 잔치를 벌였습니다.

국민들도 자기 욕심만 차렸습니다. 공장은 일을 하지 않은 채 쉬는 날이 많았습니다. 그래서 물건 값이 하늘을 찌를 듯 비싸졌습니다.

국민들은 거리로 쏟아져 나와 소리쳤습니다.

"국민들은 모두 굶어 죽게 생겼다."

"그런데도 왕과 귀족들은 호화로운 잔치만 벌이고 있다."

"베르사유 궁전으로 가서 왕과 왕비를 몰아내자!"

루이 16세의 부인인 마리 앙투아네트 왕비는 사치가 너무 심했습니다. 국민들은 왕비가 나라를 망치고 있다고 생각했습니다. 그런데도 귀족들은 여전히 정신을 차리지 못했습니다. 그들은 국민들을 마음대로 부리던 옛날로 돌아가고 싶어 했습니다.

화가 난 국민들은 베르사유 궁전으로 몰려갔습니다. 왕과 왕비의 모습이 보이지 않았습니다. 그들은 이미 왕비의 나라인 오스트리아로 도망을 가고 있었습니다. 그러나 뒤쫓아간 국민들에게, 국경 가까운 마을인 바렌에서 붙잡히고 말았습니다.

1793년 1월 21일. 프랑스 국민들이 콩코르드 광장에 구름처럼 모였습니다. 그들은 쇠사슬에 묶여 있는 루이 16세를 보고 소리쳤습니다.

"왕은 비겁하다! 프랑스를 버리고 도망간 겁쟁이다."

"왕을 죽여라!"

"국민들을 잘살게 해 줄 새로운 정부를 만들어라!"

그러자 왕비의 나라인 오스트리아가 가만있지 않았습니다.

군대를 이끌고 프랑스 국경 근처로 쳐들어왔던 것입니다.

　나폴레옹이 속해 있는 군대는 용감하게 싸워 오스트리아를 물리쳤습니다.

　전쟁에서 이기고 돌아온 나폴레옹은 이렇게 생각했습니다.

　'으흠, 우리 프랑스가 힘을 가지려면 새로운 지도자가 나타나야 해.'

　루이 16세는 콩코르드 광장에서 사형을 당했습니다.

　프랑스는 이제 국민들이 나라의 주인인 프랑스 공화국이 되었습니다.

　나폴레옹은 봉급을 아껴 많은 책을 사 모았습니다. 그는 앞으로 훌륭한 장군이 되겠다는 마음으로 밤늦도록 책을 읽으며 공부했습니다.

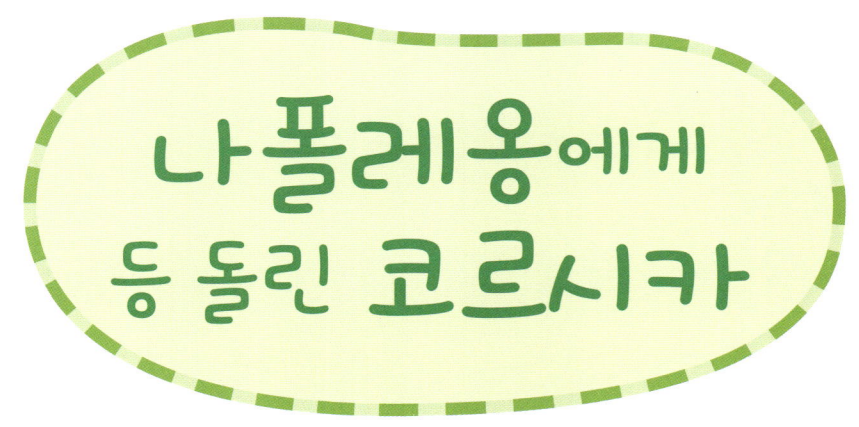

마침내 코르시카는 프랑스로부터 독립했습니다. 그런데 늙은 파올리 장군이 문제였습니다. 그동안 주민들의 존경을 받아 온 파올리가 제 마음대로 정치를 하기 시작했던 것입니다.

주민들도 두 편으로 갈라져 싸웠습니다.

"파올리의 마음이 변했다! 이젠 제 마음대로 하려 든다."

"아니다! 코르시카는 파올리 마음대로 해도 된다."

게다가 영국이 또 말썽이었습니다. 지중해에서 프랑스를 몰아내기 위해 코르시카를 손아귀에 넣으려고 했습니다. 파올리도 이미 영국의 꾐에 넘어갔습니다.

　나폴레옹의 동생 뤼시앵은 파올리의 비서로 일하고 있었습니다. 그는 프랑스로 건너가 이 사실을 몰래 알렸습니다. 프랑스 정부는 코르시카에 있는 프랑스 대표에게 파올리를 잡아들이라고 명령했습니다.

　끝내 코르시카는 두 편으로 나뉘어 싸웠습니다.

　나폴레옹은 코르시카로 건너가 주민들을 설득했습니다.

　"여러분! 영국의 속임수에 넘어가면 안 됩니다."

　"나폴레옹 가족은 프랑스의 앞잡이다. 우리 코르시카의 적이다!"

　나폴레옹은 가족을 이끌고 섬을 빠져나왔습니다.

　그의 가족은 나폴레옹의 군대가 가까이 있는 툴롱 항구에 자리를 잡았습니다.

　이웃 나라들은 프랑스를 싫어했습니다.

새로운 정부에 반대하는 무리가 일어났습니다. 이웃 나라들은 이들에게 무기를 대 주며 싸움을 부추겼습니다. 반란군을 치기 위해 프랑스 군대가 툴롱 항구까지 왔습니다.

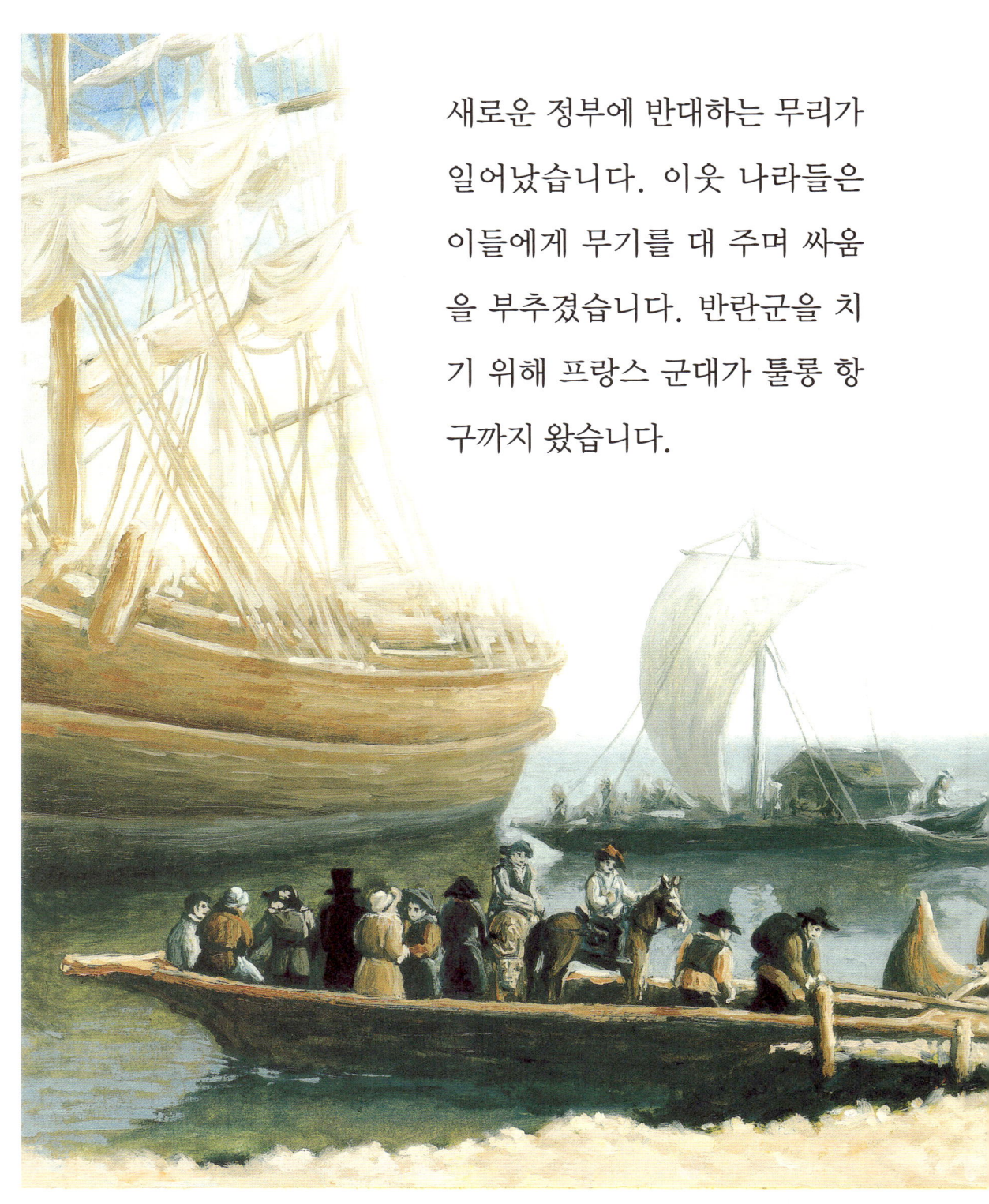

　1793년 12월. 프랑스는 나폴레옹을 툴롱 지역 사령관으로 임명했습니다. 나폴레옹이 이끄는 프랑스 정부군과 반란군이 맞붙어 싸웠습니다.

　마침내 나폴레옹의 군대가 반란군을 무찌르고 승리했습니다. 영국 함대는 결국 툴롱 앞바다에서 물러가게 되었습니다.

　"나폴레옹 만세! 프랑스 만세!"

　툴롱 지역의 시민들과 군사들이 나폴레옹의 용기를 칭찬했습니다. 프랑스 정부는 나폴레옹의 계급을 다시 올려 주었습니다.

　나폴레옹은 스물다섯 살의 나이에 장군이 되었습니다.

나폴레옹의 어머니는 아들을 끌어안으며 기쁨의 눈물을 흘렸습니다.
"장하구나! 기어이 네 꿈을 훌륭하게 이루어 냈구나!"

## 이집트 원정길

　나폴레옹은 드디어 프랑스 군대의 총사령관이 되었습니다. 그리고 스물일곱 살이 되던 해에 조세핀이라는 여자와 결혼도 했습니다.

　그동안 나폴레옹은 이탈리아에서 10만 명이나 되는 오스트리아 군대를 쳐서 승리했습니다. 그로 인해 프랑스 군대의 용기는 하늘을 찌를 듯했습니다.

　영국은 이집트를 자기네 영토로 만들려고 했습니다. 나폴레옹은 영국보다 먼저 이집트를 치기로 마음먹었습니다.

나폴레옹 동상

　1798년 3월, 나폴레옹은 3천 명의 군사를 이끌고 툴롱 항구를 출발해 이집트 원정길에 올랐습니다.

　그는 군함과 보급선은 물론 고고학자·역사학자·생물학자 등을 함께 데리고 떠났습니다. 이집트의 여러 가지 문화 유적과 자연을 연구하려는 뜻을 품은 것입니다.

　이집트로 가는 길에 아라비아 군대와도 싸워 승리를 거두었습니다. 하지만 더위에 지치고 전염병에 걸린 군사들이 하나 둘 쓰러졌습니다. 나폴레옹은 군사들에게 용기를 불어넣으면서 행군을 거듭하여, 마침내 이집트에 도착했습니다. 그런데 문제가 생겼습니다. 넬슨 제독이 지휘하는 영국 함대가 이집트까지 쫓아온 것입니다. 거기다가 터키(현재는 튀르키예)까지 3만 명의 군사를 이끌고 쳐들어왔습니다.

부하 장군들이 나폴레옹에게 말했습니다.

"장군님! 식량도 다 떨어지고 병사들은 지칠 대로 지쳤습니다. 여기서 후퇴해야 합니다."

"이집트도 반란을 일으켜

우리를 공격해 오고 있습니다."

"아니다! 이 기회에 위대한 프랑스의 힘을 보여 줘야 한다."

나폴레옹의 전술(전쟁을 하는 데 쓰이는 기술)과 용기에 군사들이 다시 힘을 얻었습니다. 나폴레옹 군대는 터키군을 나일강으로 몰아붙여 승리했습니다.

그런데 프랑스에서 나쁜 소식이 전해졌습니다. 국민들이 썩은 정부를 몰아내고 새로운 지도자를 원한다는 내용이었습니다. 이웃 나라들도 말썽이었습니다. 영국과 오스트리아, 러시아, 터키 등이 연합군을 만들어 이탈리아에 있는 프랑스 군대를 공격해 온다는 것이었습니다.

나폴레옹은 다음 일을 쿠르베르 장군에게 맡기고 프랑스로 돌아왔습니다. 국민들은 나폴레옹을 열렬히 환영했습니다.

"나폴레옹 장군 만세! 위대한 프랑스 만세!"

나폴레옹은 자신의 힘으로 어지러운 프랑스를 바로잡고 싶었습니다.

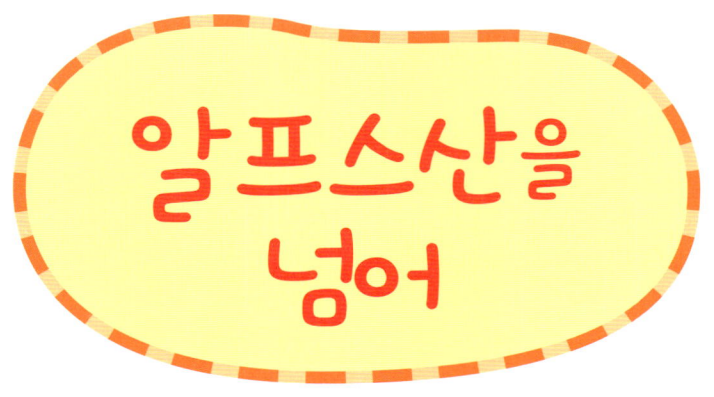

　나폴레옹은 나라 안 문제들을 힘껏 바로잡아 나갔습니다. 그런데 이번에는 나라 밖이 또 말썽이었습니다. 14만 명의 오스트리아 군대가 이탈리아 제노바에 있는 프랑스군을 공격한다는 소식이었습니다. 나폴레옹은 장군들을 모아 놓고 자신이 세운 작전을 설명했습니다.

　"알프스산을 넘어, 오스트리아 군대의 뒤를 칠 것이오."

　"참 좋은 생각입니다. 하지만 그 힘한 알프스산을 어떻게 넘지요?"

"오스트리아군은 앞쪽만 생각하고 이탈리아 국경 지역을 감시할 테니, 승리는 오로지 우리 것이오."

"장군님! 문제는 어떻게 알프스산을 넘느냐는 겁니다."

"자, 나를 따르시오!"

1800년 5월. 나폴레옹은 7만 명의 군사를 거느리고 알프스산을 올랐습니다. 눈사태로 길이 막히자 모두들 어쩔 줄 몰라 했습니다.

"장군님! 작전을 바꾸어야 합니다. 도저히 불가능합니다."

"아니오! 내 사전에 '불가능'이라는 말은 없소."

군사들이 추위와 굶주림에 지쳐 하나둘 쓰러졌습니다.

나폴레옹은 군사들 앞에 나아가 외쳤습니다.

"여러분! 마음만 먹으면 안 되는 일

이 없습니다. 이번 기회에 우리 프랑스군의 용맹을 다시금 세계에 알립시다."

프랑스군은 파리를 떠난 지 10일 만에 드디어 알프스산을 넘었습니다.

오스트리아 군대는 이런 사실을 꿈에도 모른 채 국경 지역만 지키고 있었습니다. 그런데 갑자기 프랑스 군대가 뒤에서 공격해 오자 뿔뿔이 흩어졌습니다. 프랑스군의 두 배가 넘는 군사였지만 그만 무릎을 꿇은 것입니다.

나폴레옹 군대가 승리하고 돌아오자 국민들은 기쁨에 겨워 환호했습니다.

"나폴레옹 장군 만세! 위대한 프랑스 만세!"

"나폴레옹을 지도자로 모셔야 한다!"

나폴레옹은 국민들의 뜻에 따라 지도자가 되고 싶었습니다. 그래서 프랑스를 세계에서 가장 힘 있는 나라로 만들고 싶었습니다.

영국은 자꾸만 프랑스를 괴롭혔습니다. 아무런 죄도 없는 프랑스 상선에 영국군이 대포를 쏘아 침몰시키기까지 했습니다. 나폴레옹은 벨기에의 조선소에 부탁해 수송선과 군함을 만들게 했습니다. 그리고 18만 명의 군사를 모아 영국을 치기로 결심했습니다.

나폴레옹은 영국을 치려면 누구의 간섭도 받지 않는 황제가 되어야 한다고 생각했습니다. 그래서 국민들의 생각을 알아보기로 했습니다.

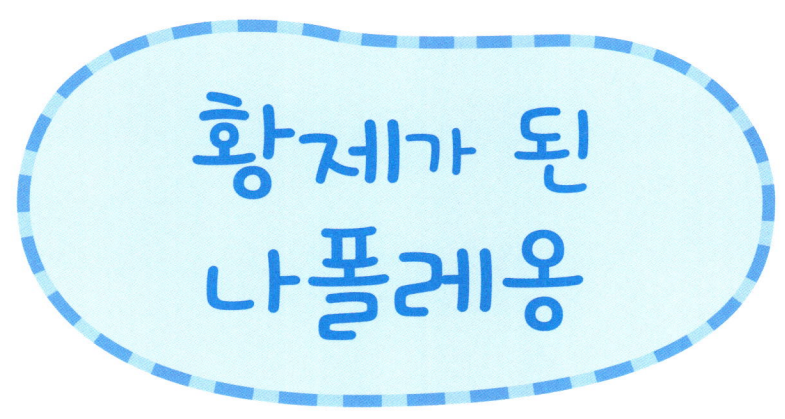

## 황제가 된 나폴레옹

1804년 5월. 나폴레옹은 국민 투표를 통해 황제의 자리에 올랐습니다. 그해 12월 14일에 파리의 노트르담 사원에서 황제 대관식(임금이 즉위한 뒤 처음으로 왕관을 써서 왕위에 올랐음을 널리 알리는 의식)을 열었습니다. 로마의 법왕이 나폴레옹의 머리에 왕관을 씌워 주었습니다. 그를 아는 사람들이 모두 부러워했습니다.

"코르시카의 촌뜨기가 황제가 되었어."
"나폴레옹만이 세계를 정복할 수 있다."

"나폴레옹은 정말 프랑스 국민들을 사랑하는 황제다."

나폴레옹은 황제가 되자마자 군대로 달려가 군사들을 모아 놓고 연설했습니다. 그가 가장 사랑하는 것이 바로 군사들이었기 때문입니다.

"여러분은 언제나 나와 함께 고생했습니다. 우리 프랑스 국기가 세계 곳곳에서 휘날릴 때까지 나와 함께 목숨을 바쳐 싸웁시다."

"나폴레옹 황제 만세!"

"위대한 프랑스 만세!"

군사들은 만세를 부르며 그를 환영했습니다.

나폴레옹은 정말 부하들을 아끼고 사랑했습니다. 훈련을 하다가 군사들이 물에 빠지면 직접 헤엄쳐 들어가 구해 줄 정도였습니다.

1805년, 에스파냐 앞바다인 트라팔가르에서 영국 해군과 프랑스 해군이 맞붙어 싸웠습니다. 영국 해군은 '바다의 왕'이라고 불리는 넬슨 제독이 이끌고 있었습니다.

　프랑스 해군은 바다에서 싸워 본 경험이 많지 않았습니다. 그래서 에스파냐의 도움을 받았지만 끝내 패배하고 말았습니다.

　나폴레옹은 마음속으로 생각했습니다.

　'이번에는 러시아를 치자. 그래서 우리 프랑스 군대가 얼마나 용맹한지 보여 주어야 한다.'

　나폴레옹은 프랑스 군사들 앞에서 울먹이는 목소리로 연설했습니다.

　"이번 영국과의 해전에서는 우리가 졌지만, 러시아를 우리 손에 넣어 프랑스군의 힘을 보여 주도록 합시다!"

　"와! 나폴레옹 황제 만세!"

　군사들의 용기는 하늘을 찌를 듯이 치솟았습니다.

## 모스크바에서 무릎꿇다

나폴레옹은 왕비 조세핀과 헤어지고 오스트리아의 공주인 마리 루이즈와 다시 결혼했습니다. 왕비는 황태자를 낳았습니다. 나폴레옹은 이루 말할 수 없이 기뻤습니다.

1812년 5월, 나폴레옹은 군사 68만 명을 이끌고 러시아 원정길에 올랐습니다. 군사들은 질척질척한 진흙탕 길을 걷느라 지칠 대로 지쳤습니다.

장군들이 나폴레옹에게 물었습니다.

"황제 폐하! 이상하지 않습니까? 러시아 군대가 싸울 생각

**나폴레옹 박물관** | 프랑스 파리에 있는 나폴레옹 박물관에는 여러 전쟁에서 나폴레옹이 사용했던 무기와 물품들이 전시되어 있습니다.

은 하지 않고 계속 뒤로 물러나기만 합니다."

"무슨 꿍꿍이속이 있는 게 아닐까요?"

"그래, 맞아! 아무래도 수상해."

러시아군은 뒤로 물러나면서 마을을 모조리 불태웠습니다. 그래서 프랑스군은 식량을 구할 수가 없었습니다.

추위와 전염병, 굶주림으로 프랑스 군사들이 하나둘 쓰러졌습니다. 나폴레옹은 가는 도중에 군사 12만 명을 잃고 말았습니다.

어느덧 9월이 되었습니다.

"야, 드디어 모스크바에 도착했다."

그러나 기쁨은 잠시뿐이었습니다. 러시아군이 갑자기 공격해 오기 시작했던 것입니다.

프랑스군은 맥없이 쓰러졌습니다. 파리를 출발할 때 68만 명이던 군사가 다 죽고 겨우 1만 5천 명밖에 남지 않았습니다.

결국 나폴레옹은 나머지 군사들을 이끌고 프랑스로 돌아올 수밖에 없었습니다. 그가 없는 사이, 프랑스는 매우 혼란스러웠습니다.

나라 안에서는 나폴레옹을 반대하는 사람들이 들고일어났고, 나라 밖도 어지럽기는 마찬가지였습니다.

프러시아(지금의 독일) 왕이 러시아와

힘을 합쳐 공격해 왔던 것입니다. 프랑스군은 이 전쟁에서도 맥없이 무릎을 꿇었습니다.

"전쟁을 중지해라!"

"우리는 전쟁보다 평화를 원한다!"

모든 국민들이 아우성이었습니다.

더욱이 영국을 비롯한 연합군이 파리로 쳐들어오자 나폴레옹은 황제 자리에서 물러나게 되었습니다.

루이 18세가 나폴레옹 대신 황제가 되었습니다.

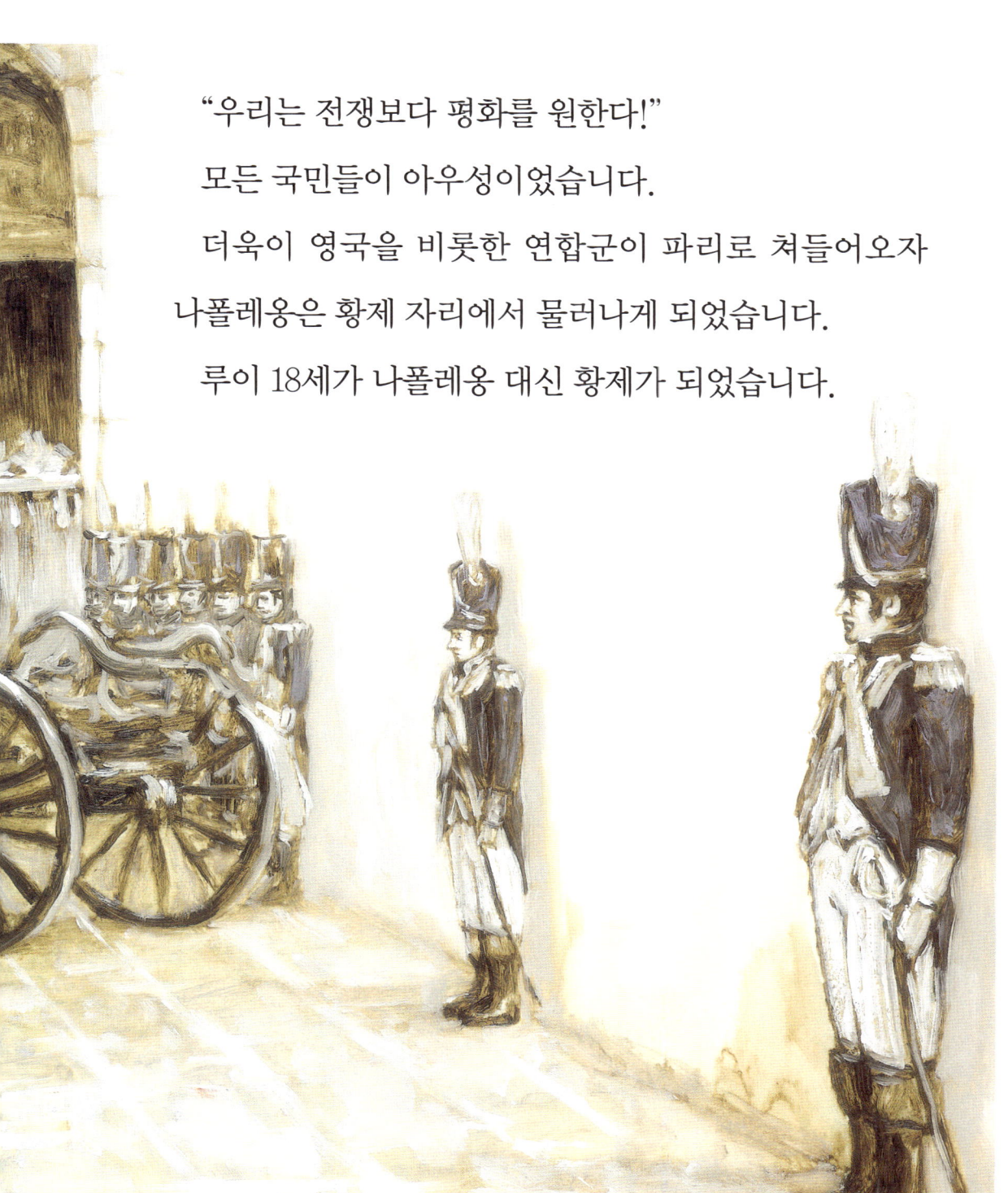

　나폴레옹은 엘바섬으로 귀양을 가게 되었습니다. 엘바섬은 그의 고향인 코르시카와 이탈리아 사이에 있는 섬이었습니다. 나폴레옹의 가족들도 그와 함께 엘바섬으로 향했습니다.

　나폴레옹은 틈틈이 책을 읽으며 기회를 엿보고 있었습니다. 연합군에게 나라를 빼앗긴 파리는 무척 혼란스러웠습니다. 프랑스 국민들은 그제야 나폴레옹을 그리워하게 되었습니다.

　"나폴레옹 황제가 다스릴 때가 더 나았어."

　"나폴레옹이 다시 황제가 된다면 얼마나 좋을까?"

나폴레옹은 프랑스 국민들이 자기를 원한다는 것을 알았습니다. 그래서 부하 몇 명을 데리고 엘바섬을 몰래 빠져나왔습니다.

나폴레옹이 가는 곳마다 국민들과 군사가 그를 따랐습니다.

"나폴레옹 장군이 다시 돌아왔다!"

"나폴레옹 황제 폐하 만세!"

나폴레옹이 파리로 가는 동안 2만 5천 명의 군사들이 그 뒤를 따랐습니다.

베르사유 궁전을 지키고 있던 군사들도 문을 열어 주며 그를 반겼습니다. 소식을 들은 루이 18세는 어느새 자취를 감추어 버리고 없었습니다.

오스트리아에서 연합군들이 회의를 시작했습니다.

"나폴레옹이 다시 전쟁을 일으킬 것입니다."

"우리가 먼저 그를 칩시다."

워털루 전투가 시작되었습니다. 나폴레옹이 이끄는 23만 명의 프랑스군은 연합군과 맞붙어 싸웠습니다. 영국군 사령

**롱우드 저택** | 나폴레옹이 세인트헬레나섬으로 귀양을 갔을 때 거주했던 곳입니다.

관은 유명한 웰링턴 장군이었습니다.

웰링턴 장군이 프랑스군에게 밀리자 갑자기 프러시아 군사들이 들이닥쳤습니다.

나폴레옹은 겨우 5백 명의 군사들만을 이끌고 파리로 돌아왔습니다. 나폴레옹은 미국으로 도망치려다 그만 연합군에게 붙잡히고 말았습니다. 이번에는 아주 멀리 떨어진 세인트헬레나섬으로 귀양을 가게 되었습니다.

　세인트헬레나섬은 '죽음의 섬'으로 불렸습니다. 나폴레옹은 5년 동안이나 그 섬에 갇혀 지냈습니다.
　그러던 어느 날, 누이동생에게서 어머니가 돌아가셨다는 소식이 전해져 왔습니다. 나폴레옹은 침대에서 겨우 일어나 어머니가 있는 쪽으로 돌아섰습니다. 그러다가 그만 그 자리에 쓰러지고 말았습니다.

나폴레옹은 숨을 거두며 희미하게 속삭였습니다.

"아, 나의 사랑하는 조국 프랑스! 내가 사랑하는 프랑스 국민들……."

그는 마지막 말을 채 끝맺지도 못하고 조용히 눈을 감았습니다. 그의 눈가에 눈물이 맺혀 있었습니다.

그 순간, 세인트헬레나섬의 모든 것들이 숨을 죽였습니다. 파도가 잠잠해졌고, 나무들도 잠시 고개를 숙였습니다. 그의 죽음 앞에 모든 것들이 고개를 숙였습니다. 나폴레옹이 쉰두 살 되던 해였습니다.

그는 세인트헬레나섬에 묻혔습니다. 그러다가 1840년에 유해가 프랑스 파리로 옮겨졌습니다. 프랑스 의회가 그를 영웅으로 대접한 것입니다.

지금 나폴레옹의 무덤은 파리 센강가에 있습니다.

파리 시민들은 지금도 그의 무덤을 찾아 화려했던 옛날의

**베르사유 궁전과 조각상** | 절대 왕정 시대를 대표하는 루이 14세가 프랑스 파리에 지은 궁전입니다.

프랑스를 떠올립니다. 파리를 찾는 관광객들도 그의 무덤 앞에서 위대한 영웅을 생각합니다.

나폴레옹 보나파르트 – 코르시카의 키 작은 촌뜨기 소년이 유럽을 지배할 줄은 아무도 몰랐습니다. 오직 나폴레옹 그 자신만이 알고 있었습니다.

## 나폴레옹의 삶

| 연 대 | 발 자 취 |
|---|---|
| 1769년(0세) | 8월 15일, 지중해 코르시카섬 아작시오에서 태어나다. |
| 1779년(10세) | 파리의 브리엔 유년 학교에 입학하다. |
| 1784년(15세) | 어린 나이로 육군 사관 학교에 입학하다. |
| 1785년(16세) | 사관 학교를 졸업하고 포병 장교로 임관되다. |
| 1789년(20세) | 고향 코르시카섬으로 돌아오다. |
| 1792년(23세) | 파올리와 결별하고 가족과 함께 프랑스로 이주하다. |
| 1793년(24세) | 코르시카섬에서 추방당하다. 혁명군 포병 대위로 툴롱 항 싸움에서 공을 세우다. |
| 1794년(25세) | 소장으로 승진하나, 누명을 쓰고 한동안 감옥에 갇혀 지내다. |
| 1795년(26세) | 파리의 폭동을 진압하다. 국내군 총사령관이 되다. |
| 1796년(27세) | 3월, 조세핀과 결혼하다. 이탈리아 원정군을 이끌고 오스트리아군을 무찌르다. |
| 1797년(28세) | 밀라노에 입성하다. 오스트리아와 평화 조약을 맺고 파리로 개선하다. |
| 1798년(29세) | 이집트로 원정을 떠나 카이로 등을 점령하다. 7월, 영국의 넬슨에게 함대가 전멸당하다. |
| 1799년(30세) | 이집트를 탈출해 파리로 돌아오다. 제1통령이 되어 정치 실권을 쥐다. |
| 1800년(31세) | 알프스를 넘어 오스트리아군을 무찌르다. |
| 1801년(32세) | 2월, 오스트리아와 휴전하다. |
| 1802년(33세) | 종신 통령이 되다. |
| 1804년(35세) | 5월 18일, 황제가 되어 나폴레옹 1세라 칭하다. |
| 1805년(36세) | 영국, 러시아, 오스트리아, 스웨덴의 연합군과 싸워 육군은 승리했지만, 해군은 트라팔가르 해전에서 넬슨에게 패하다. 오스트리아의 항복을 받다. |
| 1806년(37세) | 형 조제프와 동생 루이를 나폴리와 네덜란드 왕으로 임명하다. 베를린에 입성하고, 대륙 봉쇄령을 내리다. |
| 1808년(39세) | 형 조제프를 에스파냐 왕으로, 뮈러 장군을 나폴리 왕으로 임명하다. |
| 1809년(40세) | 조세핀과 이혼하다. |
| 1810년(41세) | 오스트리아 황녀 마리 루이즈와 재혼하다. |
| 1811년(42세) | 맏아들 프랑스와 샤를 조제프가 태어나다. |
| 1812년(43세) | 러시아 원정길에 올라 모스크바로 진격하나 크게 패하다. |
| 1813년(44세) | 여러 곳에서 연합군을 이겼으나, 라이프치히 싸움에서 패하고 파리로 돌아오다. |
| 1814년(45세) | 연합군에게 파리를 점령당하고, 황제 자리에서 물러나다. 엘바섬으로 유배되다. |
| 1815년(46세) | 엘바섬을 탈출하여 다시 황제의 자리에 오르다. 6월, 워털루 전투에서 연합군과 싸웠으나 패하다. 세인트헬레나섬에 유배되다. |
| 1821년(52세) | 5월 5일, 중병으로 세인트헬레나섬에서 세상을 떠나다. |

## 읽으며 생각하며!

1. 나폴레옹은 어릴 때 장군이 되어야겠다고 마음먹습니다. 나폴레옹이 이런 꿈을 갖게 된 이유는 무엇인가요?

2. 다음은 나폴레옹 군대가 알프스산맥을 넘어 오스트리아 군대를 치기로 결정한 뒤에 일어난 일입니다. 글을 읽고 (   ) 안에 공통적으로 들어갈 말을 써 보세요.

   > 1800년 5월. 나폴레옹은 7만 명의 군사를 거느리고 알프스산을 올랐습니다. 눈사태로 길이 막히자 모두들 어쩔 줄 몰라 했습니다.
   > "장군님! 작전을 바꾸어야 합니다. 도저히 (     )합니다."
   > "아니오! 내 사전에 '(     )'이라는 말은 없소."

3. 나폴레옹이 연합군과 맞서 싸우다가 잡혀서 5년 동안 머무르다 세상을 떠난 섬의 이름은 무엇인가요?

4. 프랑스 군대에 들어간 나폴레옹은 다음과 같은 일을 겪습니다. 다음 글을 읽고 나폴레옹의 태도에서 어떤 점을 느꼈는지 써 보세요.

> 나폴레옹은 다시 프랑스의 부대로 돌아갔습니다.
> 그런데 귀족 출신 장교들이 그를 너무나도 미워했습니다.
> 심지어 그를 죽이려는 나쁜 생각을 가진 사람들까지 있었습니다. 그러나 나폴레옹은 그들을 용서해 주었습니다.
> 그런 나폴레옹에게 감동한 귀족 출신 장교들은 자신들의 잘못을 빌었습니다.
> "나폴레옹이 우리를 용서했어. 우리는 그를 해치려 했는데……. 그는 정말 훌륭한 군인이야."
> "원수를 사랑하다니, 정말 보통 사람이 아니야."

5. 프랑스의 왕 루이 16세 때 왕실에서는 호화스러운 생활을 하고 나라 살림에는 신경 쓰지 않아 국민들이 살기가 몹시 힘들었습니다. 그래서 혁명이 일어나기까지 합니다. 이런 모습을 통해 나라를 다스리는 사람은 어떤 태도를 가져야 할지 생각해 보세요.

6. 나폴레옹은 알프스산맥을 넘어 오스트리아 군대를 치겠다고 결정합니다. 그리고 많은 어려움과 반대 속에서도 끝까지 뜻을 굽히지 않고 드디어 알프스산맥을 넘습니다. 만약 여러분이라면 나폴레옹과 같은 결정을 내렸을지 써 보세요.




7. 나폴레옹이 러시아 군대에게 지고 돌아와 보니, 다음 보기 글과 같이 프랑스는 무척 어려워져 있었습니다. 나폴레옹은 황제 자리에서 물러나게 되는데, 이때 나폴레옹은 어떤 생각을 했을까요?

> 나라 안에서는 나폴레옹을 반대하는 사람들이 들고일어났고, 나라 밖도 어지럽기는 마찬가지였습니다. 프러시아(지금의 독일) 왕이 러시아와 힘을 합쳐 공격해 왔던 것입니다. 프랑스군은 이 전쟁에서도 맥없이 무릎을 꿇었습니다.
> "우리는 전쟁보다 평화를 원한다!"
> 모든 국민들이 아우성이었습니다.

1. 고향 코르시카를 프랑스로부터 독립시키고 싶어서.

2. 불가능

3. 세인트헬레나섬

4. 예시 : 자신을 미워해서 죽이려고 한 사람을 용서하다니, 정말 아무나 할 수 없는 행동이다. 이런 행동을 통해 나폴레옹이 얼마나 위대한 사람인지 알 수 있을 것 같다. 보통 사람이라면 당장 윗사람에게 고자질할 것이다. 역시 위대한 사람일수록 다른 사람을 용서하는 너그러운 모습을 보인다는 것을 다시 한번 느꼈다.

5. 예시 : 백성이 있어야 나라도 있는 법인데, 루이 16세는 그런 점을 잊고 있었던 것 같다. 나라를 다스리는 사람이라면 자신보다 국민을 먼저 생각해야 한다. 어떻게 하면 국민이 편안하고 잘살 수 있을지 늘 고민해야 할 것이다. 그리고 국민이 하는 말에 귀를 기울이는 것도 필요하다. 그래야 문제점이 무엇이고 고쳐야 할 점이 무엇인지 알 수 있을 테니까 말이다.

6. 예시 : 만약 나라면 나폴레옹과 같은 결정을 내리지 못했을 것이다. 아주 춥고 눈도 많이 내리는 날씨에 알프스산맥을 넘는다는 것은 힘든 일이기 때문이다. 그리고 원망을 들을 것이 두려워 많은 사람들의 반대를 무릅쓰고 내 생각대로만 행동하지도 못했을 것이다. 그러나 나폴레옹은 자신의 판단을 믿고 밀고 나갔다. 그것 하나만으로도 나폴레옹의 강한 성격을 알 수 있다.

7. 예시 : 무리한 일이긴 해도 나라를 위해 열심히 싸웠는데, 국민들이 몰라주니 무척 슬펐을 것 같다. 또 자신이 성공을 거두었을 때는 환영하던 사람들이 실패를 하자 금세 돌아선 것에 대해 실망감을 느꼈을 것이다. 뿐만 아니라 황제의 자리에서 물러나야 하는 상황이 너무나 힘들었을 것 같다.

역사 속에 숨은 위인을 만나 보세요!

## 한국사 연표

| 시대 | 인물 / 사건 |
|---|---|
| 광개토 태왕 | (374~412) |
| 연개소문 | (?~666) |
| 을지문덕 | (?~?) |
| 김유신 | (595~673) |
| 대조영 | (?~719) |
| 왕건 | (877~943) |
| 장보고 | (?~846) |
| 강감찬 | (948~1031) |
| 최무선 | (1329~1395) |
| 황희 | (1363~1452) |
| 세종대왕 | (1397~1450) |
| 장영실 | (?~?) |
| 신사임당 | (1504~1551) |
| 이이 | (1536~1584) |
| 허준 | (1539~1615) |
| 유성룡 | (1542~1607) |
| 한석(봉) | (1543~ ) |
| 이순(신) | (1545~ ) |
| 오성 한음 | (1618) |
| 한음 | (1613) |

### 주요 사건
- 고조선 건국 (B.C. 2333)
- 철기 문화 보급 (B.C. 300년경)
- 고조선 멸망 (B.C. 108)
- 고구려 불교 전래 (372)
- 신라 불교 공인 (527)
- 고구려 살수 대첩 (612)
- 신라 삼국 통일 (676)
- 대조영 발해 건국 (698)
- 견훤 후백제 건국 (900)
- 궁예 후고구려 건국 (901)
- 장보고 청해진 설치 (828)
- 왕건 고려 건국 (918)
- 귀주 대첩 (1019)
- 윤관 여진 정벌 (1107)
- 고려 강화로 도읍 옮김 (1232)
- 개경 환도, 삼별초 대몽 항쟁 (1270)
- 문익점 원에서 목화씨 가져옴 (1363)
- 최무선 화약 만듦 (1377)
- 조선 건국 (1392)
- 훈민정음 창제 (1443)
- 임진왜란 (1592~1598)
- 한산도 대첩 (1592)
- 허준 동의보감 완성 (1610)
- 병자호란 (1636)
- 상평통보 전국 유통 (1678)

| B.C. | 선사 시대 및 연맹 왕국 시대 | A.D. | 삼국 시대 | 698 남북국 시대 | 918 | 고려 시대 | 1392 |

2000 B.C. | 500 | 400 | 300 | 100 | 0 | 300 | 500 | 600 | 800 | 900 | 1000 | 1100 | 1200 | 1300 | 1400 | 1500 | 1600

| B.C. | 고대 사회 | A.D. 375 | 중세 사회 | 1400 |

### 세계사
- 중국 황하 문명 시작 (B.C. 2500년경)
- 인도 석가모니 탄생 (B.C. 563년경)
- 알렉산더 대왕 동방 원정 (B.C. 334)
- 크리스트교 공인 (313)
- 수나라 중국 통일 (589)
- 이슬람교 창시 (610)
- 수 멸망 당나라 건국 (618)
- 러시아 건국 (862)
- 거란 건국 (918)
- 송 태종 중국 통일 (979)
- 제1차 십자군 원정 (1096)
- 테무친 몽골 통일 칭기즈 칸이 됨 (1206)
- 원 제국 성립 (1271)
- 원 멸망 명 건국 (1368)
- 잔 다르크 영국군 격파 (1429)
- 구텐베르크 금속 활자 발명 (1450)
- 코페르니쿠스 지동설 주장 (1543)
- 도요토미 히데요시 일본 통일 (1590)
- 독일 30년 전쟁 (1618)
- 영국 청교도 혁명 (1642)
- 게르만 민족 대이동 시작 (375)
- 로마 제국 동서로 분열 (395)
- 뉴턴 만유인력 법칙 발표 (1665)

### 세계 인물
- 석가모니 (B.C. 563?~B.C. 483?)
- 예수 (B.C. 4?~A.D. 30)
- 칭기즈 칸 (1162~1227)

## 한국사 연표

**조선 시대 인물**
- 정약용 (1762~1836)
- 김정호 (?~?)
- 주시경 (1876~1914)
- 김구 (1876~1949)
- 안창호 (1878~1938)
- 안중근 (1879~1910)
- 우장춘 (1898~1959)
- 방정환 (1899~1931)
- 유관순 (1902~1920)
- 윤봉길 (1908~1932)
- 이중섭 (1916~1956)
- 백남준 (1932~2006)
- 이태석 (1962~2010)

**주요 사건**
- 이승훈 천주교 전도 (1784)
- 최제우 동학 창시 (1860)
- 김정호 대동여지도 제작 (1861)
- 강화도 조약 체결 (1876)
- 지석영 종두법 전래 (1879)
- 갑신정변 (1884)
- 동학 농민 운동, 갑오개혁 (1894)
- 대한 제국 성립 (1897)
- 을사조약 (1905)
- 헤이그 특사 파견, 고종 퇴위 (1907)
- 한일 강제 합방 (1910)
- 3·1 운동 (1919)
- 어린이날 제정 (1922)
- 윤봉길·이봉창 의거 (1932)
- 8·15 광복 (1945)
- 대한민국 정부 수립 (1948)
- 6·25 전쟁 (1950~1953)
- 10·26 사태 (1979)
- 6·29 민주화 선언 (1987)
- 서울 올림픽 개최 (1988)
- 북한 김일성 사망 (1994)
- 의약 분업 실시 (2000)

**시대 구분**
- 조선 시대
- 1876 개화기
- 1897 대한 제국
- 1910 일제 강점기
- 1948 대한민국

**연도**: 1700 | 1800 | 1850 | 1860 | 1870 | 1880 | 1890 | 1900 | 1910 | 1920 | 1930 | 1940 | 1950 | 1970 | 1980 | 1990 | 2000

## 세계사 연표

**근대 사회 / 1900 / 현대 사회**

**세계 주요 사건**
- 미국 독립 선언 (1776)
- 프랑스 대혁명 (1789)
- 청·영국 아편 전쟁 (1840~1842)
- 미국 남북 전쟁 (1861~1865)
- 베를린 회의 (1878)
- 청·프랑스 전쟁 (1884~1885)
- 청·일 전쟁 (1894~1895)
- 헤이그 평화 회의 (1899)
- 영·일 동맹 (1902)
- 러·일 전쟁 (1904~1905)
- 제1차 세계 대전 (1914~1918)
- 러시아 혁명 (1917)
- 세계 경제 대공황 시작 (1929)
- 제2차 세계 대전 (1939~1945)
- 태평양 전쟁 (1941~1945)
- 국제 연합 성립 (1945)
- 소련 세계 최초 인공위성 발사 (1957)
- 제4차 중동 전쟁 (1973)
- 소련 아프가니스탄 침공 (1979)
- 미국 우주 왕복선 콜럼비아호 발사 (1981)
- 독일 통일 (1990)
- 유럽 11개국 단일 통화 유로화 채택 (1998)
- 미국 9·11 테러 (2001)

**세계 주요 인물**
- 워싱턴 (1732~1799)
- 페스탈로치 (1746~1827)
- 모차르트 (1756~1791)
- 나폴레옹 (1769~1821)
- 링컨 (1809~1865)
- 나이팅게일 (1820~1910)
- 파브르 (1823~1915)
- 노벨 (1833~1896)
- 에디슨 (1847~1931)
- 가우디 (1852~1926)
- 라이트 형제 (형. 윌버 1867~1912 / 동생. 오빌 1871~1948)
- 마리 퀴리 (1867~1934)
- 간디 (1869~1948)
- 아문센 (1872~1928)
- 슈바이처 (1875~1965)
- 아인슈타인 (1879~1955)
- 헬렌 켈러 (1880~1968)
- 테레사 (1910~1997)
- 만델라 (1918~2013)
- 마틴 루서 킹 (1929~1968)
- 스티븐 호킹 (1942~2018)
- 오프라 윈프리 (1954~)
- 스티브 잡스 (1955~2011)
- 빌 게이츠 (1955~)

2023년 1월 15일 2판 4쇄 **펴냄**
2014년 1월 10일 2판 1쇄 **펴냄**
2008년 7월 10일 1판 1쇄 **펴냄**

**펴낸곳** (주)효리원
**펴낸이** 윤종근
**글쓴이** 김문홍 · **그린이** 임운규
**사진 제공** Shutterstock.com 70p Pixeljoy
**등록** 1990년 12월 20일 · **번호** 2-1108
**우편 번호** 03147
**주소** 서울시 종로구 삼일대로 457, 406호
**전화** 02)3675-5222 · **팩스** 02)765-5222
ⓒ 2008 · 2014, (주)효리원

잘못 만들어진 책은 구입하신 서점에서 바꾸어 드립니다.
ISBN 978-89-281-0318-8 64990

**이메일** hyoreewon@hyoreewon.com
**홈페이지** www.hyoreewon.com